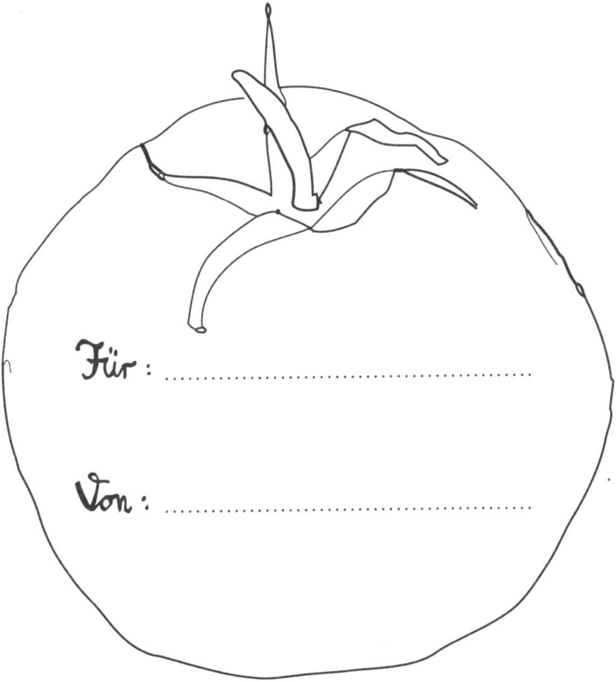
Für : ....
Von : ....

Ab in die Küche, ran an den Herd!
Und heute gibt's:

Sonniges für jeden Tag

Bon Appétit
wünscht

der kleine
KÜCHENFREUND

Die Rezepte sind, wenn nicht anders angegeben,
für 4 Personen berechnet.

Inhalt

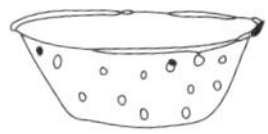

Spargelsalat für den Frühling

500 g weißer Spargel · 500 g grüner Spargel · 1 Schalotte
6 EL Olivenöl · 150 ml Geflügel- oder Gemüsefond
Saft von ½ Zitrone · 2 EL Kapern · 1 Prise Zucker · Salz
frisch gemahlener Pfeffer · abgezupfte Blätter von
3 Stängeln Basilikum · 40 g Parmesan am Stück

Den weißen Spargel ganz schälen, den grünen Spargel nur am unteren Ende. Die Enden abschneiden. Die Stangen in ca. 3 cm lange Stücke schneiden. Köpfe beiseitelegen. Schalotte schälen und fein würfeln.

Schalotte in einem breiten Topf in 2 EL Öl andünsten. Die Spargelstücke ohne die Köpfe kurz mitdünsten, dann mit dem Fond ablöschen und ca. 3 Min. kochen lassen. Dann die Spargelköpfe ebenfalls in den Topf geben und noch einmal ca. 2 Min. kochen. Die Flüssigkeit sollte fast vollständig verdampft sein. Den Spargel in eine Salatschüssel umfüllen.

Zitronensaft mit Kapern und etwas Kapernflüssigkeit sowie dem restlichen Olivenöl mischen. Zucker, Salz und Pfeffer unterrühren und das Dressing über den Spargel geben. Vor dem Servieren die Basilikumblätter aufstreuen und alles großzügig mit Parmesan überhobeln.

Kürbis-Huhn-Salat

½ Kopfsalat · 1 rote Paprikaschote · ½ Hokkaido-Kürbis
Salz · Zimt · 1 EL Honig · ½ TL zerdrückte Koriandersamen
8 EL Sonnenblumenöl · 2 Hähnchenbrustfilets
frisch gemahlener Pfeffer · Chilipulver
1 Bund Frühlingszwiebeln · Saft von 1 Orange

Den Ofen auf 220 °C (Umluft 200 °C) vorheizen. Salat waschen, trockenschleudern und auf 4 Teller verteilen, Paprika putzen, würfeln und ebenfalls verteilen.

Kürbis putzen und würfeln. In einer Schüssel mit Salz, Zimt, Honig, 1 Prise der Koriandersamen und 4 EL Öl mischen und in einer feuerfesten Form ca. 10 Min. im Ofen garen. Hähnchenbrustfilets in mundgerechte Stücke schneiden und mit Salz, Pfeffer und etwas Chili würzen. In einer Pfanne in 2 EL Öl rasch durchbraten, herausnehmen und warm stellen. Frühlingszwiebeln putzen, in Ringe schneiden und ebenfalls braten. Für das Dressing den Orangensaft mit dem restlichen Öl, Salz, Pfeffer und dem Rest der zerdrückten Koriandersamen mischen.

Den Kürbis, das Hähnchenfleisch und die Frühlingszwiebeln auf die Teller mit dem Salat und der Paprika verteilen, das Dressing darübergeben und gleich servieren.

Bohnensalat mit Käse

500 g Brechbohnen · 1 rote Paprikaschote
2 Frühlingszwiebeln · 4 getrocknete Tomaten
1 Knoblauchzehe · 6 EL Olivenöl
150 ml Gemüsebrühe · 4 EL Balsamico-Essig · Salz
frisch gemahlener Pfeffer · je 1 EL gehackte Petersilie,
Basilikum und frisches Bohnenkraut
150 g Fetawürfel aus Kuhmilch · 100 g Goudawürfel

Das Gemüse putzen und die Bohnen in ca. 3 cm große Abschnitte schneiden. Paprika in Würfel, Frühlingszwiebeln in Ringe, getrocknete Tomaten in feine Scheiben schneiden, Knoblauch fein hacken.

3 EL Olivenöl in einer Pfanne erhitzen und die Bohnen darin ca. 5 Min. braten. Dann Paprika, Frühlingszwiebeln, getrocknete Tomaten und Knoblauch zugeben und kurz mitbraten. Alles mit Gemüsebrühe ablöschen und ca. 10 Min. garen. Dann in eine Salatschüssel umfüllen.

Das restliche Olivenöl mit Essig, Salz, Pfeffer und den Kräutern gründlich vermischen und über den Salat geben. Am Schluss die Käsewürfel aufstreuen und vor dem Servieren nochmals gründlich mischen.

Griechischer Sommersalat

1 rote und 1 gelbe Paprikaschote · 1 milde Zwiebel
400 g Schafskäse in Salzlake · 1 mittelgroße Zucchini
4 reife Fleischtomaten · 150 g Oliven (z.B. Kalamata)
1 Knoblauchzehe · 8 EL Olivenöl · Salz
frisch gemahlener Pfeffer · 1 Bund gehackte Petersilie
2 EL gehackter frischer Thymian
1 EL gehackter frischer Oregano · Saft von 1 Zitrone

Paprika putzen und würfeln, Zwiebeln schälen und in feine Ringe schneiden, Schafskäse würfeln. Zucchini und Tomaten putzen und ebenfalls würfeln, Oliven abtropfen lassen. Knoblauch schälen und fein hacken.

In einer Pfanne 2 EL Öl erhitzen. Knoblauch andünsten und die Zucchini hinzufügen. Ca. 8 Min. dünsten. Am Schluss die Paprika darin heiß werden lassen und mit Salz und Pfeffer abschmecken. Zucchini und Paprika in einer Schüssel mit Zwiebelringen, Schafskäse, Tomaten, Oliven und den Kräutern mischen.

Den Zitronensaft mit reichlich Salz, Pfeffer und dem restlichen Olivenöl gründlich verrühren und über den Salat geben. Vor dem Servieren mindestens 15 Min. durchziehen lassen.

Spinatsalat für Sonnentage

200 g junger Spinat (kleine Blätter) · 1 Salatgurke
1 Bund Radieschen · 4 EL schwarze Oliven ohne Stein
1 Senfgurke · 150 g Champignons · Saft von ½ Zitrone
4 EL gehackter frischer Schnittlauch · 100 g saure Sahne
5 EL Sonnenblumenöl · 1 EL Kräuteressig · ½ TL Zucker
Salz · frisch gemahlener Pfeffer

Spinat putzen, Gurke und Radieschen putzen und in dünne Scheiben schneiden. Oliven halbieren und die Senfgurke in Würfel schneiden. Champignons putzen, vierteln und mit dem Zitronensaft beträufeln. Die vorbereiteten Zutaten mit dem Schnittlauch in eine große Schüssel geben und vorsichtig mischen, damit die empfindlichen Spinatblätter nicht matschig werden.

Saure Sahne, Öl, Essig, Zucker, Salz und Pfeffer gründlich verrühren und das Dressing über den Salat geben. Gleich servieren.

Klassischer Chefsalat

Für 2 Portionen:
½ Eisbergsalat · 8 Cocktailtomaten · 2 Frühlingszwiebeln
1 rote Paprikaschote · 1 Knoblauchzehe
150 g Gouda oder Emmentaler · 150 g Kochschinken
2 hartgekochte Eier · 150 g saure Sahne
75 g Naturjoghurt · 2 EL Sonnenblumenöl · 1 TL Senf
½ TL Salz · frisch gemahlener weißer Pfeffer
2 EL gehackter frischer Schnittlauch

Das Gemüse putzen. Salatblätter klein zupfen, Tomaten halbieren, Frühlingszwiebeln in Ringe schneiden, Paprika würfeln, Knoblauch fein hacken. Käse und Schinken in feine Streifen schneiden, Eier pellen und würfeln. Alle vorbereiteten Zutaten bis auf den Knoblauch in eine Schüssel geben und gut vermischen.

Saure Sahne mit Joghurt, Öl, Senf, Salz, Pfeffer und dem Knoblauch verrühren und über den Salat geben. Alles gründlich mischen und kurz durchziehen lassen. Am Schluss den Schnittlauch aufstreuen.

Tipp: Mit einem Baguette das perfekte Mittagessen. Als Garnitur eignen sich Schnittlauchblüten.

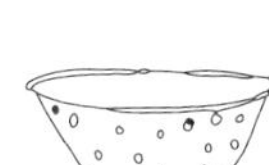

Toskanischer Brotsalat

1 Ciabatta · 5 EL Olivenöl · 2 EL grüne Oliven
(z.B. Kalamata) · 2 EL schwarze Oliven (z.B. Taggiasche)
2 große reife Fleischtomaten
abgezupfte Blätter von ½ Bund Basilikum · Salz
frisch gemahlener Pfeffer · 6 EL weißer Balsamico
50 g Parmesan am Stück

Das Brot in Scheiben und dann in Würfel schneiden. In einer Pfanne 2 EL Olivenöl erhitzen und die Brotwürfel darin rundherum goldgelb anrösten. Die Oliven wenn nötig entsteinen und grob hacken. Die Tomaten putzen und würfeln.

Das Brot mit den Tomaten, den Oliven und dem Basilikum mischen. Mit Salz, Pfeffer, Balsamico und dem restlichen Olivenöl würzen und mindestens 1 Std. durchziehen lassen. Vor dem Servieren großzügig mit Parmesan überhobeln.

Linsensalat mit Putenstreifen

120 g rote Linsen · Salz · 4 EL Zitronensaft · 2 TL Senf
frisch gemahlener Pfeffer · 10 EL Olivenöl
4 EL Crème fraîche · ½ Eisbergsalat · ½ Bund Rucola
1 Handvoll junger Spinat · 1 Handvoll Sauerampfer
3 Schalotten · 400 g Putenschnitzel · Cayennepfeffer
1 aromatischer Apfel

Die Linsen in einem Sieb abspülen und in Salzwasser ca. 7 Min. kochen. Anschließend abschrecken und abtropfen lassen. Zitronensaft mit etwas Wasser, Senf, Salz und Pfeffer gründlich mischen, dann 5 EL Olivenöl und die Crème fraîche unterrühren.

Blattsalate putzen und klein zupfen, Schalotten schälen und fein würfeln. Das Putenfleisch in Streifen schneiden und mit Salz, Pfeffer und Cayennepfeffer würzen. Mit den Schalotten im restlichen Olivenöl unter Rühren in ca. 7 Min. goldbraun braten, dann warm stellen. Apfel waschen und in dünne Streifen schneiden.

Den Salat mit dem Apfel und den Linsen mischen und auf 4 Tellern anrichten. Die Putenstreifen und Schalottenwürfel auf dem Salat verteilen und alles gleichmäßig mit dem Dressing beträufeln.

Großmutters Kartoffelsalat

750 g etwa gleich große festkochende Kartoffeln
1 TL Salz · 250 g Feldsalat · 2 mittelgroße weiße Zwiebeln
3 EL Weißweinessig · 1 EL Zucker · 1 TL Salz
½ TL frisch gemahlener Pfeffer · 6 EL Sonnenblumenöl

Die Kartoffeln waschen, schälen und in Salzwasser nicht zu weich kochen. Anschließend abgießen und etwas abkühlen lassen, dann in Würfel schneiden. Den Salat waschen und putzen. Die Zwiebeln schälen und fein würfeln.

Für das Dressing den Essig mit 2 EL Wasser sowie Zucker, Salz, Pfeffer und Öl gründlich verrühren.

Kartoffeln mit dem Salat und den Zwiebeln mischen und das Dressing darübergeben. Gut durchmischen und 1 Std. ziehen lassen. Erneut abschmecken und servieren.

Tipp: Passt sehr gut als Beilage zu Grillfleisch oder Bismarckhering.

Rotkohlsalat für den Herbst

300 g Rotkohl · 1 aromatischer Apfel · 100 g Walnusskerne
50 ml Sonnenblumenöl · 1 TL Honig
4 EL Balsamico-Essig · 1 EL Preiselbeeren (Glas)
Salz · frisch gemahlener Pfeffer

Den Rotkohl putzen und fein hobeln, den Apfel putzen und in Stifte schneiden. Die Walnusskerne hacken und in einer Pfanne ohne Fett rösten.

Für das Dressing das Öl in einem kleinen Topf etwas erwärmen und den Honig darin auflösen. Den Topf vom Herd nehmen. Essig, Preiselbeeren, Salz und Pfeffer hinzufügen und abschmecken.

Kohl und Apfel mischen und das Dressing darübergeben. Am Schluss die gerösteten Walnüsse aufstreuen. Gut durchziehen lassen.

Deftiger Matjessalat

Für eine große Schüssel von ca. 10 Portionen:
1 gebratenes Hähnchen · 400 g gegartes Kalbfleisch
500 g Matjes · 200 g Silberzwiebeln (Glas)
4 Zwiebeln · 8 Gewürzgurken · 7 aromatische Äpfel
400 g Mayonnaise · 200 g Crème fraîche · 3 EL scharfer Senf · Essig · Zucker · Salz · frisch gemahlener Pfeffer
nach Belieben Dill zum Garnieren

Hähnchenfleisch von den Knochen lösen und in kleine Stücke zupfen, Kalbfleisch würfeln, Matjes in Streifen schneiden. Silberzwiebeln abtropfen lassen, Zwiebeln in Ringe schneiden. Gewürzgurken würfeln, Äpfel putzen und ebenfalls würfeln. Alles in eine große Schüssel geben.

In einer kleinen Schüssel die Mayonnaise mit der Crème fraîche und dem Senf verrühren. Mit Essig, Zucker, Salz und Pfeffer kräftig würzen. Das Dressing zum Salat geben und gut durchmischen.

Der Salat sollte am besten über Nacht durchziehen. Dann nach Geschmack mit Dill garnieren und servieren.

Tipp: Zu größeren Feiern ist dieser Matjessalat in Norddeutschland sehr beliebt.

Rinderfiletsalat mit Pilzen

Für 2 Portionen:
200 g Pilze (Champignons, Steinpilze oder Egerlinge)
6 Radieschen · 60 g Butter · 2 kleine Rinderfilets
6 EL Sonnenblumenöl · 3 EL Balsamico-Essig
2 TL Senf · Saft von 1 Zitrone · 2 TL Ahornsirup · Salz
frisch gemahlener Pfeffer · 2 Handvoll geputzter Feldsalat
abgezupfte Blätter von 4 Stängeln Basilikum

Den Ofen auf 175 °C (Umluft 155 °C) vorheizen. Die Pilze putzen und wie die Radieschen in Scheiben schneiden. Die Butter in einer Pfanne heiß werden lassen, darin die Rinderfilets von allen Seiten kurz anbraten. Anschließend in der Pfanne in 10 Min. im Ofen fertig garen. Das Fleisch herausnehmen und warm stellen.

Für das Dressing Öl, Essig, Senf, Zitronensaft und Ahornsirup sehr gut mischen oder mit dem Pürierstab mixen und mit Salz und Pfeffer abschmecken.

Auf 2 Tellern den Feldsalat mit den Radieschen und dem Basilikum anrichten. Die Pilze im Fleischfett anbraten und noch warm auf den Tellern verteilen. Das Filet in Scheiben schneiden und ebenfalls auf den Salat geben. Vor dem Servieren mit dem Dressing übergießen.

Bunter Eiersalat

10 Eier · 250 g junge Erbsen (ggf. TK)
1 Bund Radieschen · 500 g Kochschinken
1 Bund Schnittlauch · 450 g Mayonnaise
150 g Naturjoghurt · 2 EL Senf · Salz
frisch gemahlener Pfeffer · 1 Schale Kresse

Eier in kochendem Wasser in ca. 8 Min. hart kochen, abschrecken und abkühlen lassen. Erbsen ggf. nach Packungsanleitung auftauen. Radieschen putzen und in feine Scheiben, Kochschinken in kurze Streifen schneiden. Eier pellen und würfen. Alle vorbereiteten Zutaten in eine Salatschüssel geben und vorsichtig miteinander vermengen.

Den Schnittlauch in kleine Röllchen schneiden. In einer zweiten Schüssel die Mayonnaise mit dem Joghurt, dem Senf und dem Schnittlauch sowie Salz und Pfeffer gründlich verrühren. Dann das Dressing über den Salat geben und alles vermengen.

Ca. 1 Std. durchziehen lassen, die Kresse abschneiden, aufstreuen und servieren.

Birnensalat mit Roter Bete

2 Bund Rucola · 2 aromatische, nicht zu weiche Birnen
500 g Rote Bete (vorgegart) · 160 g Gorgonzola
4 EL Weißweinessig · Salz · frisch gemahlener Pfeffer
4 TL Honig · 10 EL Olivenöl

Den Rucola waschen, verlesen und in mundgerechte Stücke zupfen. Die Rote Bete würfeln. Die Birnen waschen, vom Kerngehäuse befreien und in feine Schnitze schneiden. Den Gorgonzola grob zerzupfen.

Den Essig mit etwas Wasser sowie Salz, Pfeffer und Honig verrühren. Anschließend das Öl nach und nach unterrühren.

Alle Salatzutaten außer dem Käse vorsichtig mischen und das Dressing darüber geben. Auf 4 Teller verteilen und den Gorgonzola darüberstreuen.

Tipp: Dazu passt Ciabatta mit Butter.

Bratkartoffel-Lachssalat

400 g festkochende Kartoffeln · 2 EL Butterschmalz
Salz · 1 Kopfsalat · 2 Möhren · 2 Frühlingszwiebeln
200 g Räucherlachs · 250 g Naturjoghurt
80 g Crème fraîche · 80 ml Milch · Saft von 1 Zitrone
frisch gemahlener Pfeffer · 1 Bund grob gehackter Dill

Kartoffeln schälen und würfeln. Butterschmalz in einer großen Pfanne heiß werden lassen, Kartoffeln darin rundum anbraten und unter stetem Wenden ca. 20 Min. weiterbraten. Salzen und warm stellen. Das restliche Gemüse putzen. Salat in mundgerechte Stücke zupfen, Möhren in feine Scheiben, Frühlingszwiebeln in Ringe schneiden. Räucherlachs in Streifen schneiden.

Den Joghurt mit Crème fraîche, Milch, Zitronensaft, Salz und Pfeffer gründlich mischen. Kartoffeln, Lachs und Salat auf Tellern anrichten. Möhren und Frühlingszwiebeln zugeben und mit dem Dressing übergießen. Vor dem Servieren den Dill aufstreuen.

Tipp: Die Kartoffeln dürfen beim Servieren noch warm sein, dann entfalten sich die Aromen von Lachs und Dill besonders intensiv.

Süditalienischer Antipasti-Salat

1 rote und 1 gelbe gegrillte Paprika · Salz · frisch
gemahlener Pfeffer · 2 TL Apfelessig · 10 EL Olivenöl
1 TL süßer Senf · 250 g Champignons · 2 Knoblauchzehen
1 Stängel Rosmarin · 200 ml Hühnerbrühe
2 TL Balsamico-Essig · 1 TL Zucker · 250 g Zucchini
1 mittelgroße Zwiebel · 1 EL Weißweinessig · 2 TL brauner
Zucker · 200 g gemischte Blattsalate (z.B. Feldsalat,
Rucola, Eichblatt, Frisée) · 150 g Cocktailtomaten
abgezupfte Blätter von ½ Bund Basilikum

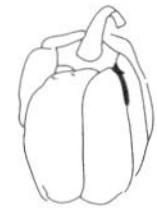

Die gegrillten Paprika in Streifen, dann in Abschnitte schneiden und mit Salz und Pfeffer würzen. Den Apfelessig mit 3 EL Olivenöl und Senf gründlich verrühren und die Sauce über die Paprikastücke geben.

Champignons putzen und vierteln. Knoblauch schälen und fein hacken. Die Pilze in einer Pfanne in 3 EL Olivenöl zusammen mit dem Rosmarin rundherum anbraten. 100 ml Hühnerbrühe, Balsamico und Zucker hinzufügen und alles etwas reduzieren. Den Rosmarin herausnehmen, Champignons mit Salz und Pfeffer abschmecken.

Zucchini putzen und würfeln. Zwiebel schälen und fein würfeln. Zusammen in einer zweiten Pfanne in 4 EL Olivenöl anbraten. Dann Weißweinessig, den Rest der Hühnerbrühe und braunen Zucker zugeben und etwas reduzieren.

Paprika, Pilze und Zucchini über Nacht ziehen lassen.

Den gemischten Blattsalat putzen und in eine große Salatschüssel geben, Cocktailtomaten und Basilikumblätter sowie die durchgezogenen Gemüse dazugeben. Alles mit dem Sud aus den Pfannen begießen und gründlich mischen.

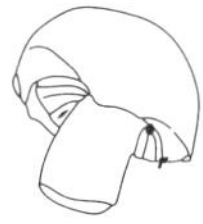

Salat mit Avocado und Ziegenkäse

200 g gemischte Blattsalate (z.B. Frisée, Feldsalat, Rucola, Eisbergsalat) · 250 g Cocktailtomaten · 2 reife Avocados
6 EL Balsamico-Essig · 6 EL Olivenöl · Salz
frisch gemahlener Pfeffer · 200 g Ziegenkäse (Rolle)
150 ml Grapefruitsaft · 3 EL Ahornsirup

Den Backofen auf 200 °C (Umluft 180 °C) vorheizen. Blattsalate putzen und in mundgerechte Stücke zupfen. Cocktailtomaten halbieren oder vierteln, das Fruchtfleisch der Avocados auslösen und würfeln. Alles auf 4 Tellern anrichten. Essig, Öl, Salz und Pfeffer gründlich verrühren und den Salat damit beträufeln.

Ziegenkäse in 8 oder 12 Scheiben schneiden und in eine ofenfeste Schüssel geben. Grapefruitsaft mit Ahornsirup, etwas Salz und Pfeffer verrühren und über den Käse gießen. Dann ca. 6 Min. im Ofen schmelzen lassen.

Den Käse auf dem Salat verteilen und mit der Sauce beträufeln.

Wintersalat

150 g Feldsalat · 1 Chicoree · 1 kleiner Radicchio
1 Granatapfel · 1 Orange · 4 EL Honig · 2 EL Senf
2 EL Granatapfelsaft · Saft von ½ Limette · 8 EL Olivenöl
Zimt · Chilipulver · Salz · frisch gemahlener Pfeffer

Feldsalat putzen und zupfen, Chicoree und Radicchio putzen und in feine Streifen schneiden.

Granatapfel öffnen (Krone abschneiden, Schale ringsum fünfmal einschneiden und die Frucht vorsichtig auseinanderbrechen) und die Kerne auslesen. Orange schälen und filetieren. Alle Zutaten auf einer Platte anrichten.

Honig mit Senf, Granatapfelsaft, Limettensaft, Olivenöl, Zimt, Chili, Salz und Pfeffer sehr gründlich mischen oder mit dem Pürierstab mixen und das Dressing über den Salat geben.

Tipp: Auch schwarze Oliven passen sehr gut dazu.

Salat mit Schweinefilet und Walnüssen

Für 2 Portionen:
80 g Schweinefilet · 2 EL Sojasauce · 250 g gemischte Blattsalate (z.B. Rucola, Eichblatt, Spinat, Portulak)
1 kleine Paprikaschote · 50 g Egerlinge oder Champignons
5 EL Olivenöl · Salz · frisch gemahlener Pfeffer
1 Knoblauchzehe · 2 EL weißer Balsamico-Essig
2 EL Hühnerbrühe · 1 TL Senf · 1 Prise Zucker
6 geröstete Walnusskerne

Das Filet in dünne Scheiben schneiden und ca. 10 Min. in der Sojasauce marinieren. Blattsalate putzen und in mundgerechte Stücke zupfen. Paprika putzen und in dekorative Rauten schneiden. Pilze putzen, würfeln und mit dem marinierten Fleisch in 3 EL Olivenöl ca. 5 Min. anbraten. Mit Salz und Pfeffer würzen und beiseitestellen.

Knoblauch schälen, fein hacken und mit Essig, dem restlichen Olivenöl, Hühnerbrühe, Senf, Zucker, Salz und Pfeffer gründlich verrühren.

Den Salat auf 2 Tellern anrichten, Filetstücke und Pilze darüber verteilen und mit dem Dressing übergießen. Noch einmal salzen und pfeffern. Am Schluss mit den Walnüssen und der Paprika garnieren.

FSC
www.fsc.org
MIX
Papier aus verantwortungsvollen Quellen
FSC® C104723

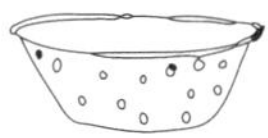

10 9 8   20 19 18 17

978-3-88117-853-2

Grafische Gestaltung: Amélie Graef
Redaktion: Dagmar Becker
Layout und Satz: typocepta, Köln

Printed in China

www.hoelker-verlag.de